AF341233

L'imposture turque

DU MÊME AUTEUR

L'Islam et la République. *Des musulmans de France contre l'intégrisme*, Belfond, 1994.

Pour comprendre l'intégrisme islamiste, Albin Michel, 1995 ; Poche-Espaces Libres, 2002.

Le Sexe d'Allah. *Des mille et une nuits aux mille et une morts*, Grasset, 2004.

Le Désir d'Islam, Grasset, 2005.

Sunnites, Chiites, pourquoi ils s'entretuent, Le Seuil, 2008.

Tunisie, Algérie, Maroc : la colère des peuples, L'Archipel, 2011.

Martine Gozlan

L'imposture turque

BERNARD GRASSET
PARIS

ISBN 978-2-246-78935-2

C'était la fin février et je venais encore une fois d'arriver à Istanbul. L'hiver s'aggravait alors qu'ailleurs on l'espérait déjà finissant. La ville était voilée d'une brume de soie gris perle. Malgré le froid, je baissais la vitre du taxi pour respirer le Bosphore : mouettes, paquebots, rafiots, cyprès, élégances gelées. Les dômes des mosquées ondulaient sur le ciel nébuleux. Un horizon ouvert à toutes les respirations voyageuses. Comment ne pas être amoureux d'Istanbul ? Une rive en Orient, une autre en Occident, une démocratie musulmane qui fait briller les yeux des révolutionnaires arabes, une modération islamiste dont s'enchantent les diplomates européens, et des minarets qui, paraît-il, savent garder raison laïque. Je les contemplais, démultipliés dans l'atmosphère nacrée, aussi fins que les doigts d'Aziyadé, la gracieuse héroïne de Pierre Loti. Pourtant ces minarets si séduisants étaient peut-être aussi coupants que les desseins de Recep Tayyip Erdogan, le Premier ministre turc : naguère, en 1997, lorsqu'il n'était encore que le maire d'Istanbul, ne les comparait-il pas à des baïonnettes ? Certes, l'eau a coulé, depuis, sous le pont de Galata. Erdogan en est à son troisième mandat. Toutes les gazettes d'Occident saluent en lui le nouvel Atatürk. Alors que l'homme a toujours combattu l'héritage de Mustapha Kemal, le fondateur de la Turquie moderne. Au soir du 12 juin 2011, vainqueur pour la troisième fois aux législatives, Erdogan, dans son grand discours du triomphe, a pourtant renoué avec l'héritage de son vieux maître Necmettin Erbakan, père de l'islamisme turc, destitué par l'armée en 1997, et farouchement anti-occidental. A Ankara, au balcon du siège de son parti, l'AKP, Erdogan lançait à ses partisans d'amples envolées dans lesquelles la foule s'enroulait aussitôt avec des gémissements d'extase :

« Aujourd'hui, Bagdad et Beyrouth, Gaza, Ramallah, Jérusalem ont gagné autant qu'Izmir ! Le Moyen-Orient, le Caucase et les Balkans ont gagné autant que la Turquie ! » En associant à cette élection nationale l'Irak, le Liban et la cause palestinienne mais aussi Sarajevo, les musulmans d'Europe centrale comme ceux du Caucase, Erdogan sculptait la statue de son destin futur : celle d'un dirigeant musulman planétaire.

L'AKP, ou Adalet ve Kalkinma Partisi, Parti de la Justice et du Développement, signifie aussi, quand on abrège son sigle, le « Parti pur ». Car « AK », en turc, c'est blanc. Blanc pur. Deux lettres chargées de laver le linge sale de la politique et de l'économie turques. Inquiétante pureté qui, comme tant d'autres revendiquées ailleurs, pourrait bien charrier un jour dans son sillage neigeux l'ombre de l'impureté traquée.

Aux côtés de Recep Tayyip Erdogan, Emine, son épouse, petite femme frêle toujours strictement voilée, bat des mains sagement. Elle est la suivante, la seconde. L'humble socle sur lequel s'appuie la puissance mâle. La femme turque selon Erdogan obéit aux traditions de la nouvelle société qui l'a porté au pouvoir : la petite bourgeoisie anatolienne, travailleuse, ardemment capitaliste et farouchement conservatrice. En juillet 2010, invité au séminaire d'une association féminine, Erdogan lâchait à la fin du colloque :

« Je ne crois pas à l'égalité entre hommes et femmes… Enfin… je veux parler de l'égalité physique… »

Aux Turques qui se sont toujours battues pour l'autonomie financière – mais une femme sur cinq seulement gagne sa vie – Erdogan venait de révéler son véritable visage.

Avons-nous vraiment envie de le découvrir ? Ou bien sommes-nous à ce point envoûtés par son « modèle » ? Ce modèle est-il un miracle ou un mirage ? A-t-on bien scruté toutes les facettes de la constellation qui semble protéger le « nouveau sultan » comme le surnomment les quotidiens français avec une pointe de révérence craintive ? Face à une Europe du Sud en faillite, d'Athènes à Lisbonne, la croissance turque fascine – elle était de 8,9 % en 2010 – même si sa logique ultra-libérale doit à terme entrer en conflit avec la justice sociale chantée par l'AKP. On passe donc sous silence les régressions culturelles, sociétales et politiques qui accompagnent le long règne d'Erdogan. Otages de leurs vieilles lunes, les sceptiques pataugeraient dans l'ignorance des réalités turques. Au lendemain du scrutin du 12 juin 2011, l'universitaire Jean-François Bayart déplore ainsi les opinions à courte vue des « Français empêtrés dans leurs éternelles alarmes sur l'islam et la laïcité ».

C'est sans la moindre honte que je me range du côté de ces alarmés qui ne sont pas seulement Français mais Turcs. Opposants turcs. Point si laminés que cela par ailleurs : aux législatives de juin 2011 le parti républicain laïque, le CHP, a progressé sous la houlette de son nouveau leader, Kemal Kiliçdaroglu. Ses 23 sièges supplémentaires au Parlement, de même que les succès du parti pro-kurde, le BDP, emmené par sa pasionaria Leyla Zana, ont une importance considérable : ils empêchent Erdogan de modifier unilatéralement la Constitution et l'obligent à négocier avec l'opposition.

J'aime la Turquie. Celle d'Orhan Pamuk, le prix Nobel de littérature, l'un des plus grands écrivains contemporains de la passion et de la mélancolie. La Turquie du printemps égéen, comme celle dont le cœur bat dans les pages de Yachar Kemal qui a si amplement décrit la steppe des pauvres, la geste anatolienne.

Voilà précisément pourquoi je redoute, chez ceux qui, en Europe, et particulièrement en France, se proclament les admirateurs de Recep Erdogan, l'unanimisme enchanté qui sert l'ambition dangereuse d'un démocrate autocrate.

Une nouvelle vache sacrée idéologique rumine en effet dans le vert sillage des révolutions arabes : le *modèle islamiste turc.* L'expérience menée depuis 2002 par Recep Tayyip Erdogan témoigne-rait des noces heureuses entre l'islam, la démocratie et la laïcité. Or le parti islamiste turc n'est pas celui de la moder-nité vantée mais celui de l'archaïsme relooké. A l'épreuve des faits, le *modèle* se révèle une imposture construite sur trois chimères.

Non, la Turquie d'Erdogan n'est pas un modèle démocratique !

Les atteintes à la liberté de la presse et le sort des minorités religieuses, notam-ment celle des Alévis, 20 % de la popula-tion, illustrent une dérive autoritariste. Cité en exemple par les révolutionnaires arabes, Erdogan se laisse en réalité gagner par le culte de la personnalité qui condui-sit Ben Ali et Moubarak à leur perte.

Non, la Turquie d'Erdogan n'est pas un modèle laïque !

Qu'il s'agisse du voile ou des mœurs,

l'islamisme gagne toute la société, tant grâce aux relais médiatiques du Premier ministre que grâce aux bigots ombrageux des confréries, comme la secte Fethullah Gülen qui tient sous sa coupe l'école, la justice et la police. Le « modèle » laïque islamiste n'existe qu'en raison de… la résistance acharnée des laïques aux islamistes ! L'objectif est d'amener le peuple turc à réclamer « en douceur » la mise en application de la charia.

Non, la Turquie d'Erdogan n'est pas un modèle géopolitique !

En développant ses relations avec le monde arabe et iranien comme avec l'Amérique du Sud pro-Chavez et anti-américaine, Ankara, renouant avec la splendeur ottomane, récolterait gloire et succès économico-diplomatiques. Son aversion nouvelle pour Israël lui aurait rallié tous les cœurs musulmans. Or, pour la diplomatie arabe, le prestige de la Turquie, son statut de médiateur envié et courtisé, ne tenaient précisément qu'à sa proximité avec Israël et les Etats-Unis.

Les sultans eux-mêmes, au temps de l'Empire ottoman, n'ont-ils pas toujours regardé dans les deux directions, vers l'ouest autant que vers l'est, conscients qu'ils perdraient leur grandeur et leur pouvoir s'ils ne fixaient qu'une seule rive ?

C'est cette fiction à trois faces, ce miroir au triple reflet menteur, dont on entend ici dévoiler les artifices.

1

L'imposture démocratique

Je ne pouvais pas le croire. Je ne me trouvais ni à Damas sous Bachar el Assad, ni au Caire, ni à Tunis avant les révolutions. Je prenais le thé à Istanbul mais c'était jour de rafle. Une vraie rafle, à l'aube, de gens menottés et jetés dans le panier à salade et la voiture banalisée. Des trafiquants de drogue, des kamikazes interceptés une heure avant de passer à l'acte ? Non, seulement des journalistes, rien que des journalistes, dont certains très célèbres comme Nedim Sener, du quotidien *Milliyet* : il avait été désigné « héros de la liberté de la presse » par l'International Press Institute pour son enquête sur les circonstances mystérieuses de l'assassinat de

Hrant Dink, l'intellectuel d'origine arménienne abattu en 2007. Intitulé « Qui a brisé la plume de Dink ? » le livre accusait la police d'avoir menti au procès des assassins. Nedim Sener va rejoindre derrière les barreaux soixante-sept de ses confrères.

Motif de cette vague d'inculpations, nouvel épisode d'une politique du bâillon qui, selon le classement de Reporters sans frontières, place désormais la Turquie au 138ᵉ rang sur 178 pays pour la liberté d'expression ? Appartenance au complot « Ergenekon ». Derrière cette appellation qui fleure la BD de science-fiction, se cacherait un groupe de militaires accusés d'avoir fomenté des attentats pour déstabiliser le pays et faire tomber le gouvernement Erdogan. Ergenekon est devenu le fourre-tout dans lequel on jette tout citoyen turc qui a déplu au pouvoir. Preuve de la mauvaise foi du régime :

l'arrestation d'Ahmet Sik, un autre journaliste qui avait été l'un des premiers à enquêter sur le complot ! Mais Ahmet Sik est aussi l'auteur d'un livre à charge contre l'ultra-puissante secte religieuse de Fethullah Gülen, présente dans la police et la justice, dorlotée par le pouvoir. *L'Armée de l'imam*, l'ouvrage de Sik, est interdit et son auteur croupit en prison. L'arrêté qui a ordonné la destruction de tous les exemplaires du livre précisait : « Ceux qui détiennent une copie et refusent de la livrer aux autorités seront poursuivis pour avoir aidé l'organisation terroriste Ergenekon. » Le 31 mars 2011, le manuscrit était cependant mis en ligne par des internautes rétifs. La descente de police au siège de l'éditeur n'avait pu empêcher la diffusion de l'ouvrage censuré.

Les auteurs y rappellent la puissance et l'influence du lobby religieux de l'imam Fethullah Gülen, lui-même établi aux Etats-Unis depuis 1999 par crainte des procédures engagées contre lui à l'époque en Turquie par les militaires. La confrérie compte trois millions de militants et le triple de sympathisants, dont bon nombre sur les bancs du Parlement. C'est un des plus solides soutiens de l'AKP dans le pays profond, grâce à son maillage très serré d'écoles primaires, secondaires, supérieures et d'institutions caritatives. Le « gülenisme » est un curieux objet : son fondateur avait soutenu, par pragmatisme, le coup d'Etat militaire de 1980. Aujourd'hui, il s'abrite derrière le dialogue inter-religieux, tarte à la crème de tous les conservatismes soucieux de leur marketing. Mais son « agenda caché » est en réalité celui d'une organisation ambitieuse, affamée de pouvoir, dont les relais ont investi une grande partie des centres névralgiques de la vie politique. Au sein même de l'AKP, une sourde bataille se déroule entre les pro et les anti-Gülen, jusqu'à présent minoritaires pour le plus grand malheur de la liberté d'expression.

« Nous sommes tous condamnés à l'autocensure… »

La jeune et jolie journaliste brune en face de moi chuchote dans une discrète maison de thé d'Emirgan, sur les bords du Bosphore gris. Un quartier résidentiel foisonnant de jardins et de villas. Une bonne dose de colère rougit le teint de porcelaine de Barçin Yinanç, éditorialiste du site Internet Hürriyet Daily News.

« On assiste à une véritable OPA sur les médias, lâche ma consœur, on ne peut parler que dans les limites autorisées par le gouvernement. Les groupes de presse tombent l'un après l'autre dans l'escarcelle de l'AKP… »

En effet le groupe Sabah, qui possède un grand quotidien et une chaîne de télévision, a été racheté en 2007 par le consortium Çalik. Son président directeur général, Berat Albayrak, n'est autre que le gendre du Premier ministre. Le népotisme dénoncé par les révolutions arabes refait ainsi surface sous Erdogan. Les pressions se multiplient maintenant sur le groupe Dogan, républicain et laïque, qui possède les fleurons de la presse quotidienne *Hürriyet* et *Milliyet*. Au cœur même des rédactions encore indépendantes, les amendes exorbitantes n'ont qu'un but : décourager l'investigation, contrôler le commentaire. On ne trouve donc plus une seule enquête sur la corruption liée aux proches du régime. Le Premier ministre n'a jamais porté les journalistes dans son cœur. En 2004, ulcéré par un dessin du caricaturiste Musa Kart qui le représente en chat enroulé dans sa pelote, Erdogan fait condamner l'humoriste à une lourde amende pour l'avoir « humilié ».

« En revanche, on peut critiquer ce qu'on ne pouvait pas critiquer hier, reconnaît Barçin, l'armée, par exemple. L'attaquer est même devenu un sport national ! »

Près de deux cents militaires ont été inculpés et emprisonnés pour conspiration anti-gouvernementale, dans le cadre du complot Ergenekon ou du complot Balyoz (« Marteau de forgeron »), qui aurait été éventé deux ans plus tard. Chaque semaine apporte son lot de nouveaux gradés déchus. Un général turc sur dix se morfond dans sa cellule. Retournement de l'histoire que justifie Mustapha Akyol, autre éditorialiste d'*Hürriyet*, convaincu, lui, que la vision inimaginable de militaires traduits en justice et jetés au cachot était l'électrochoc nécessaire à un pays si longtemps placé sous tutelle militaire :

« J'aurais aimé que les choses se passent différemment, par exemple que l'armée fasse publiquement son auto-critique. Elle nous a tout de même fait subir quatre coups d'Etat militaires depuis les années 1960, renversé un Premier ministre, pourchassé, emprisonné et torturé des milliers de citoyens ! Mais au lieu de reconnaître leurs erreurs, les généraux ont continué à parader dans leur arrogance… » Mustapha Akyol fait ici allusion à la tentative d'interdire la présidence de la République à Abdullah Gül en 2007. Elle s'est soldée pour l'armée par un échec retentissant après le triomphe de l'AKP aux législatives. « Il a fallu les briser pour qu'ils apprennent l'humilité ! » conclut le chroniqueur.

Le romancier Orhan Pamuk, peu sus-pect de porter les islamistes dans son cœur, intellectuel indépendant pointé du doigt sous tous les régimes, évoque, lui aussi, cette poigne de fer sous laquelle a vécu son pays. Jeune écrivain, il travaillait depuis deux ans et demi à son second roman :

« Soudain, un coup d'Etat militaire a eu lieu dans la nuit, raconte-t-il dans *D'autres couleurs*, une série d'essais autobiographiques. Le lendemain, l'éditeur potentiel de *Cevdet Bey et ses fils*, mon premier roman, m'a annoncé qu'il ne le publierait pas en dépit de notre contrat. J'ai réalisé que même si je terminais mon second roman le jour même, je ne pourrais pas le faire publier pendant cinq ou six ans parce que les militaires ne le permettraient pas. Immédiatement après le coup d'Etat, pour éviter la dépression, j'ai commencé un troisième livre… »

La première œuvre de Pamuk sera finalement autorisée à paraître en 1982.

Mais l'atmosphère de suspicion qui a toujours régné autour des esprits libres en Turquie fait partie du décor dans lequel le romancier a vécu et écrit. Des heures douloureuses de 2005 où il a été poursuivi pour avoir lancé « 30 000 Kurdes et un million d'Arméniens ont été tués sur le territoire » jusqu'en mars 2011 où il a été condamné à une amende pour cette fameuse déclaration.

Du règne de l'armée à sa destitution, des harcèlements et des machinations de l'extrême droite (c'est elle qui continue à s'acharner contre Pamuk) à la rigidité des islamistes de l'AKP, la démocratie en Turquie n'est pas un réflexe mais une incantation. Erdogan l'invoque aujour-d'hui tout en institutionnalisant la chasse aux journalistes, de même que les mili-taires hier affirmaient défendre la démo-cratie tout en faisant tomber les gou-vernements et en interdisant les partis.

Comment déceler les contours d'un « modèle » dans cette succession de revanches arc-boutées sur les mêmes pulsions autoritaires ? Alexandre Adler, qui par ailleurs voit d'un bon œil le régime islamiste turc, résume l'ambiguïté : « La lutte menée contre le pouvoir militaire et le kémalisme en général a abouti à des stratégies souterraines comme le noyautage et la pénétration de la magistrature et de la police, écrit-il. On sent de la part de l'AKP une tentation de mobiliser les tendances autoritaires latentes de l'islamisme turc pour défendre son pouvoir. »

Parallèlement, la satisfaction de l'Union européenne à voir tomber les généraux a, d'un même mouvement, ouvert et fermé des espaces de liberté. Dès lors que les militaires rentrent dans leurs casernes, un pays n'est-il pas sur la voie de l'émancipation ? L'AKP, pour régler ses comptes avec le vieil et puissant ennemi galonné, s'est donc appuyé sur les demandes de réformes nécessaires à une candidature européenne. Le Conseil national de sécurité est désormais contrôlé par des civils et les tribunaux militaires n'ont plus de pouvoir réel. Reste la Constitution héritée de 1980. C'est à son démantèlement que va s'attaquer Erdogan pour son troisième mandat.

Barçin a un article à terminer, elle se lève en un clin d'œil et sa silhouette disparaît dans le brouillard. Je retrouverai demain sa chronique courageuse et enlevée sur le site d'*Hürriyet*. Il lui faut du cran pour tenir la plume alors que les arrestations de ses confrères se succèdent. Le journaliste qui tenait le site internet OdaTV, Soner Yalçin, est en prison. Toujours pour participation présumée au complot Ergenekon. Tant pis si les questions que le procureur lui a posées n'avaient aucun lien avec l'affaire : elles concernaient le projet de création d'une télévision proche du CHP, le grand parti d'opposition laïque… D'autres « incidents » inexplicables alourdissent un peu plus l'atmosphère. Nuray Mert, encore une journaliste, se rend à Van pour assister à une conférence du CHP. Elle constate, après l'atterrissage, que ses bagages ont été ouverts et fouillés. Elle porte plainte : le procureur prétend ne pas avoir reçu la plainte. Un présentateur très populaire, Ahmet Hakan, est interpellé à son domicile à 5 heures du matin. Il venait de consacrer une émission au leader du CHP, Kemal Kiliçdaroglu. La police prétend qu'elle a un mandat d'arrêt. Puis reconnaît une erreur. De mystérieux mandats d'arrêt en plaintes égarées, une chose est sûre : dans chaque cas, les journalistes harcelés étaient précisément ceux qui entendaient donner la parole au chef de l'opposition.

Où qu'on aille dans Istanbul, ce jour de printemps froid, les images des reporters arrêtés à l'aube passent en boucle dans les télévisions haut perchées des cafés et des restaurants. Les locaux d'Ithaki, la maison d'édition qui allait publier *L'Armée de l'imam*, l'enquête d'Ahmet Sik, sont sens dessus dessous. La police a fouillé les ordinateurs, copié tous les fichiers de l'ouvrage avant de les effacer. Effacé en même temps le droit d'écrire librement. Il est vrai qu'Erdogan avait comparé le livre à une bombe. En précisant : « Préparer une bombe est un crime ! »

Le lendemain, la place Taksim, en haut de Beyoglu, symbole de la modernité d'Istanbul, se remplit peu à peu de manifestants. Deux mille personnes. Quelques cris : « Erdogan dictateur ! » Des banderoles montrant des reporters bâillonnés.

C'est peu en ces heures de soulèvement oriental, si l'on songe aux foules immenses de la place Tahrir, au Caire ; aux cent mille manifestants de Tunis qui ont fait tomber Ben Ali... Mais à Istanbul, chatoyant joyau d'une démocratie dite exemplaire, c'est tout de même beaucoup. Le rassemblement compte non seulement des journalistes, mais aussi des enseignants, des universitaires, des écrivains. L'élite intellectuelle, laïque, kémaliste, qui vote CHP de génération en génération ? Pas seulement. Je reconnais Ali Bayramoglu, l'éditorialiste de *Yeni Safak*, « La nouvelle aurore ». Un quotidien pro-Erdogan. Il y a quelques années, Bayramoglu avait consacré une longue enquête aux nouveaux islamistes turcs qui avaient choisi, selon ses conclusions, « la modernité contre la superstition ». Il avait aussi salué le choix européen d'Erdogan, en 2002, au moment où l'homme prenait en main le destin de la Turquie. Pourtant, aujourd'hui, Bayramoglu ne décolère pas : « Avec ces agressions contre la presse, on passe à la phase conflictuelle. C'est le style Erdogan : une approche très paternaliste qui débouche sur un langage autoritaire. Si le gouvernement a une position libérale, je le soutiens : mais s'il a une position autoritaire, je le critique. Or la police utilise des méthodes illégales et les arrestations de journalistes ont pour but de faire taire l'opposition. Qui est derrière ? La secte de Fethullah Gülen ? »

L'éditorialiste a téléphoné à tous les médias gouvernementaux pour leur faire part de son indignation : « Si les attaques se poursuivent, je passe à l'opposition ! »

En juin 2011, les confrères d'Ali Bayramoglu sont toujours au cachot, Erdogan a remporté ses troisièmes législatives et Reporters sans frontières, l'Amnesty

International des journalistes, sonne le tocsin dans l'indifférence générale.

En avril 2011, l'organisation s'est rendue à Istanbul. Elle a rencontré les avocats et les proches des emprisonnés, tenté de contacter les autorités. Au terme de ses démarches, RSF conclut : « Il faut être très courageux pour exercer le métier de journaliste en Turquie. C'est s'exposer à la prison, aux menaces, aux violences. Il est inquiétant de constater qu'aujourd'hui tous les journalistes sont menacés et plus seulement ceux qui traitent de la question kurde et de l'armée comme c'était le cas il y a quinze ans… »

Le Parlement européen commence à s'émouvoir de ces mœurs peu conformes à l'idée que la Turquie veut donner d'elle-même. Un rapport très critique se désole de la « détérioration de la liberté de la presse » et constate que le pays « n'est pas encore une véritable démocratie pluraliste ». Ce qui a le don de mettre en rage Recep Tayyip Erdogan. « Ceux qui ont élaboré ce document sont des déséquilibrés ! » mugit le Premier ministre aux journalistes qu'il n'a pas encore embastillés. Des réflexes à la Moubarak et le rêve d'une presse à la Ben Ali ? Internet, fenêtre ouverte sur le grand vent des révolutions arabes, est passé sous le contrôle de l'Etat turc à l'été 2011. Les filtres de connection sont désormais définis par le ministère des Télécommunications « en fonction des règles sur la sécurité et le bon usage d'Internet » selon les termes officiels. « Je soutiens la liberté ! » s'est pourtant exclamé le président Abdullah Gül, comme si de rien n'était, en recevant le représentant de Google en Turquie, Eric Schmidt, venu lui faire part de sa préoccupation. Les protestations des organisations internationales qui dénoncent la nouvelle censure n'ont pas troublé la sérénité du président islamiste :

« Nous protégeons les familles et les enfants », a-t-il plaidé en s'offrant même le luxe d'inviter Schmidt à développer Facebook dans le pays. 25 millions de Turcs ont déjà leur page. La moitié du pays a moins de 30 ans : à terme le gouvernement AKP risque de se couper de la jeunesse.

Il y eut pourtant une parenthèse enchantée. Entre 2002 et 2005, l'AKP hérite avec succès des dossiers du Fonds monétaire international et de l'Union européenne. L'engagement résolu en faveur de la candidature à l'UE permet au parti de tisser des liens avec la classe urbanisée turque, les médias et la nouvelle génération. La bataille économique a été gagnée en appliquant à la lettre les consignes du FMI. Jusqu'en 2007, la presse respire un air nouveau, libérée des harcèlements de l'armée.

Mais n'est-ce pas précisément depuis qu'il l'a mise hors jeu qu'Erdogan a commencé à basculer sans états d'âme vers un pouvoir de plus en plus personnel ? L'armée l'avait emprisonné en 1998, alors qu'il était maire d'Istanbul, pour avoir récité un célèbre et fiévreux poème dans lequel il comparait – nous l'évoquions plus haut – les minarets aux baïonnettes, les coupoles aux casques et les mosquées aux casernes. L'armée contre laquelle il n'a cessé de se battre avec une intelligence politique redoutable pour les képis et les uniformes turcs. C'est en remportant les élections qu'Erdogan a réussi à la cantonner dans ses quartiers puis à la jeter à son tour aux fers. Fin juillet 2011, les nouveaux parias en uniforme rendent les armes : tout l'état-major démissionne avec fracas. Généraux et commandants des armées de terre, des forces aériennes et navales invoquent devant la nation l'impossibilité de protéger ceux des leurs que le Premier ministre a embastillé.

L'armée tétanisée, ce fut à la justice de s'incliner. Depuis le référendum de septembre 2010, l'AKP contrôle le système judiciaire. Juges, procureurs, Cour de cassation : tout est aux mains de l'exécutif. Cette réforme partielle de la Constitution a été approuvée par 57,9 % d'électeurs avec une participation de 77 %. Les Turcs aiment voter. La preuve qu'ils ont le goût du libre choix politique chevillé au corps. Trop de coups d'Etat ont jalonné leur histoire. Celui de 1980, où les militaires imposèrent la loi martiale alors que l'extrême gauche et l'extrême droite se livraient à une surenchère de violence, se solda par des milliers d'arrestations, une cinquantaine d'exécutions capitales et une implacable mise au silence des libertés. Celui de 1997, moins spectaculaire car mené sans les chars, renversa tout de même le gouvernement islamiste de Necmettin Erbakan, qui, avec son Parti de la prospérité, ne put gouverner la Turquie qu'une seule année. L'AKP, en se retournant sur cet héritage musclé, peut donc se permettre d'ironiser sur le procès en autoritarisme qu'on intente à son leader aujourd'hui.

Le « Parti pur » a tort : car c'est dans le blanc manteau de la démocratie que se drape Recep Tayyip Erdogan sur la scène internationale.

Alors qu'il ne cesse de se déchirer, ce manteau cousu de fil blanc.

De quoi Erdogan a-t-il peur ? De quel bois se chauffe-t-il ? De quel bronze est-il fait ?

J'ai rendu visite à l'un de ses admirateurs. Mumtazer Turkon est journaliste au quotidien *Zaman*, qui porte dans tout le pays la bonne parole de l'AKP. Sa femme est député du parti. Il voyage sans cesse dans le monde arabe. « Parce que c'était l'Empire ottoman », souligne-t-il avec une fierté qui nous renvoie en un éclair au temps splendide du califat.

Mumtazer Turkon habite à Kuzgun-çuk, sur la rive asiatique. Son bureau surplombe le miroitement du Bosphore. En face, à gauche, se détachent Sainte-Sophie et la Mosquée bleue. Ces merveilles, assorties d'un enchevêtrement d'autres coupoles, comme celles de la mosquée Fatih, épicentre des quartiers populaires, se cisèlent sur l'horizon moiré. Dans les replis de cette perfection, le long des flots brillants, la quête du toit et de la dignité, l'essoufflement des portefaix, les cris des petits vendeurs de pain au sésame, le labeur du villageois venu d'Anatolie, la réussite opiniâtre de son fils que la croissance nouvelle a doté d'un avenir, tout cela grouille sans qu'on le voie, avec les strates du passé, les généalogies de l'humiliation et de la revanche qui construisent l'histoire des peuples. N'est-ce pas dans ces coulisses qu'il faut chercher à la fois les raisons de l'autoritarisme d'Erdogan et celles de la constance avec laquelle « ses » Turcs, ceux de l'AKP, les majoritaires, désirent en jouir ?

Mumtazer Turkon est l'un d'entre eux, ses articles et ses arguments lui ressemblent. D'un bloc, comme l'homme, trapu et solennel, sanglé dans son message :

« C'est l'armée qui propage les fausses rumeurs de limitations de la liberté de la presse pour sauver ses partisans des tribunaux. Le CHP reprend à son compte cette propagande militaire et le gouvernement ne peut pas se défendre ! »

Le CHP, le Parti républicain du peuple, laïque, héritier d'Atatürk, est l'ennemi juré de l'AKP. Erdogan l'a vaincu et veut l'abattre définitivement. Il bouge encore, pourtant. Avec des jeunes et des femmes qui le rejoignent, inquiets de la dérive Erdogan. Mumtazer Turkon ne veut pas le savoir.

« L'AKP a le soutien des pauvres et défend leurs intérêts, scande mon hôte, le CHP, au contraire, c'est le parti de la bourgeoisie et de la bureaucratie militaire : il n'y a pas de luttes entre religieux et laïcs en Turquie, il n'y a qu'une lutte de classes ! » Cet islamo-communiste vient des entrailles d'Istanbul masquées, dans les lointains, par la grâce irréelle de l'architecture ottomane : « Nous étions sept à la maison et très pauvres, mon enfance a été dure. Je suis venu à l'AKP pour des raisons sociales, Erdogan est une chance pour la Turquie… » Erdogan qui, lui aussi, était pauvre et vendait des pains au sésame quand il était enfant, dans le quartier de Kasimpacha. Encore aujourd'hui, rapportent inlassablement les journalistes qui suivent le Premier ministre au jour le jour, il fait arrêter son convoi officiel pour acheter des pains au sésame aux petits vendeurs de rue.

Image édifiante du leader populaire, du fils du pauvre. Celui qui a cherché le réconfort à la mosquée, grelotté sur les bancs de l'école coranique, dribblé avec l'équipe de foot du quartier. Loin des hautes maisons tièdes de Beyoglu et de Nisantasi où grandissaient les enfants de l'aristocratie kémaliste.

Tandis que Mumtazer Turkon déroule, emphatique, le discours officiel, je fixe les paysages successifs qui apparaissent et disparaissent par la fenêtre, au-dessus et le long du Bosphore, suivant les fantaisies de la lumière, des nuages lourds, du soleil intermittent. Peintres, poètes, romanciers du monde entier, pas seulement les orientalistes européens, mais aussi les artistes turcs eux-mêmes, ont plongé avec volupté dans ce bain chatoyant d'images où chacun cherche le reflet de ses propres illusions. Aujourd'hui, ce sont les peuples, les opinions publiques, les instituts de sondage, les médias du monde entier qui affluent, enivrés, vers ces rivages, en quête du modèle démocratique turc, ce nouveau Graal. Même s'il n'a pas plus d'existence que les nuages, les merveilleux nuages qui sombrent en ce crépuscule, là-bas, au bout de la Corne d'Or, alors que soixante-huit journalistes, dont dix femmes, attendent leur procès derrière les barreaux.

2

L'imposture laïque

« Mais qu'arrive-t-il à Erdogan ? Il se prend pour le Padishah ! » blague Akif, très jeune serveur d'une brasserie de la rue Istiqlal. « Padishah », ou « Souverain roi », était le titre réservé naguère aux sultans ottomans. Akif sert ses cappuccinos sans enthousiasme. La consommation d'alcool est désormais interdite aux moins de 24 ans. « Il nous prend vraiment pour des nourrissons ou des débiles, et en plus on est en train de perdre notre clientèle. Qui a envie de sortir et de boire un verre ? Les jeunes ! » L'interdiction de l'alcool est, avec le voile, un des marqueurs de l'islamisation d'une société. A Alger, c'est la fermeture de centaines de bars qui, à partir de 2004,

45

a signifié la reprise en main de la capitale par le courant islamo-conservateur du FLN. Mais Istanbul a une réputation de ville décontractée et cette affaire passe mal auprès de jeunes Turcs qui n'ont aucune raison d'être différents de leurs cousins arabes en colère contre les diktats de leurs maîtres.

« Nous commençons vraiment à nous poser des questions, confie Aylin, 26 ans, en stage dans un cabinet d'architectes, la pression sociale devient très contagieuse, les journaux, qui sont de plus en plus contrôlés par le pouvoir, consacrent des pages entières à la vie quotidienne selon le dogme religieux, ils insistent sur l'illégitimité de l'alcool et la beauté du voile... »

Le voile est désormais majoritaire. Les ados branchées vont acheter leurs carrés de soie chez Ipek, rue Istiqlal, et les élégantes plus mûres collectionnent ceux de chez Vakko, la boutique ultra-chic de Nisantasi, l'Auteuil-Passy d'Istanbul. Les humbles piochent dans les étals des marchés, le foulard reste le cadeau favori de l'amoureux à l'amoureuse. Ces dizaines de milliers de coques brillantes, bien serrées sur le trésor interdit des crinières, signent-elles la réislamisation des rues et des âmes ? Ou bien la conquête des grandes cités par les traditions de la paysannerie anatolienne venue massivement y survivre il y a plus de trente ans ? Sur la ligne de tramway qui fait le tour d'Istanbul, de Kabatas, au pied de la colline qui s'élance vers le scintillement occidental de Beyoglu, jusqu'à Zeytinburnu, vaste quartier encore semi-prolétaire, réservoir de la première immigration paysanne de 1950, c'est un flottement de voiles ininterrompu. Sur le pont de Galata, la foule est toujours plus mâle. La propagande officielle sur le retour – ou le maintien – de la femme au foyer est passée par là.

Kadri Gürsel est l'un des éditorialistes les plus incisifs et les plus courageux de la presse d'opposition. Il écrit dans les colonnes du quotidien *Milliyet*. J'ai flairé son blues dans une avalanche de chroniques qui lui valent bien des inimitiés. Nous en causons à la brasserie Kitchenette, au pied de l'hôtel Marmara, place Taksim, en haut de la rue de l'Indépendance, Istiqlal Caddesi. La clientèle est jeune et branchée, on ne décèle pas un brin d'islamisme dans l'allure et le brushing des convives. Ne pas s'y fier, nous sommes dans les beaux quartiers.

« On présente l'AKP comme un exemple de l'évolution de l'islamisme politique vers l'islamisme modéré ? Seulement, c'est la démocratie laïque turque qui a formé, transformé et réformé le mouvement islamiste turc, résume Kadri Gürsel. Si on supprime la démocratie laïque, l'AKP va redevenir un mouvement islamiste qui défend l'instauration de la charia ! Erdogan divise la société turque : à travers la faille de la religiosité et du conservatisme, il crée une différence de classe, de culture, un discours antibourgeois, anti-occidental, anti-laïque… »

Les signes de cette nouvelle marche turque à l'obscurantisme se multiplient. En octobre 2006, un arrêté du ministère turc de l'Education nationale exige que les manuels d'instruction civique destinés aux élèves de 13 ans soient expurgés de la page 65 : on y voyait, pour illustrer la Révolution française, notre célèbre *Liberté guidant le peuple*, peinte par Delacroix, son sein fier dressé dans la grande houle révolutionnaire. Las ! Cachez ce nichon, fût-il celui de la grande révolte des peuples, qui reste impur à des yeux islamistes ! Nos sansculottes étaient bien mal guidés par une sans-tchador ! « Faut-il interdire aux enfants la vision de la démocratie ? » commenta, très remontée, la presse d'opposition.

Après des années de travail sur les questions et les pays d'Islam, mes centaines de rencontres avec les islamistes mais aussi avec celles et ceux qui les combattent, du Maghreb au Moyen-Orient en passant par les grandes villes européennes, je suis convaincue que cacher un cheveu de femme, c'est mettre au secret tout le reste. Ce n'est pas seulement censurer la souplesse, la lumière et la chaleur du vivant. C'est obscurcir et supprimer l'image, le symbole qui en dérivent.

Voici Carsambar, avec ses tchadors noirs, ses rues plus iraniennes qu'européennes, ses dévotions et ses élections ultra-islamistes. Ici, on est tout près de l'immense mosquée de Fatih aux nobles coupoles d'argent. Près de 100 000 personnes s'y pressaient, le 28 février 2011, pour les obsèques de Necmettin Erbakan, fondateur de l'islamisme politique turc, leader du Refah, le Parti de la prospérité, ex-Premier ministre limogé par l'armée quatorze ans plus tôt jour pour jour, le 28 février 1997. A l'enterrement, quelques képis sont tout de même venus saluer la dépouille tandis que Recep Tayyip Erdogan et le président Abdullah Gül, pâles et mystiques, paumes ouvertes vers le ciel, rendaient hommage à Erbakan, l'homme qui avait rouvert la voie de l'Islam à la Turquie laïque d'Atatürk.

Necmettin Erbakan était un vieux réactionnaire, un islamiste classique. Quand il s'est lancé dans l'arène politique, les grandes villes n'avaient pas encore été complètement investies par la paysannerie anatolienne. C'est Erdogan qui a surfé sur les transformations sociologiques de son pays, le basculement des cités occidentalisées dans une nouvelle bigoterie qui soufflait de la steppe. Erbakan ne croyait pas aux compromis, c'était un Frère musulman sans nuances. Il voulait faire construire une mosquée place Taksim, au cœur d'Istanbul, juste là où caracole la statue équestre d'Atatürk. Mais les laïcs mobilisaient, l'armée paraissait invincible et éternelle. Le temps de l'islam dominateur n'était pas encore revenu bien que les masses aient aimé Erbakan jusqu'à le porter brièvement au pouvoir.

L'ère de la piété, du retour aux fondements de la foi, de la religion guidant le peuple, a fini par arriver : Erbakan est dans la tombe, Erdogan au septième ciel.

Chaque nuit de ramadan, le Premier

ministre, accompagné des membres les plus éminents de son cabinet, se rend à un « iftar », la cérémonie de rupture du jeûne. Pour être de la fête, les hommes d'affaires, par la force des choses, se mettent à jeûner. Et leurs femmes à se voiler. Régulièrement, Erdogan les invite en souriant à donner trois enfants minimum à leur mari et à la patrie.

Car c'est son langage, son tempérament, son atmosphère. Erdogan a été, est et sera islamiste. Aux premières heures de sa vie de militant, l'homme s'est ébroué avec délices dans les eaux vertes du coranisme le plus intransigeant. Il ne serrait pas la main des femmes, ne s'attablait pas avec ceux qui buvaient de l'alcool. C'était un cadre ombrageux du Refah d'Erbakan. Sous cette étiquette il se bat, fait campagne, est élu maire d'Istanbul, harcèle les bars, cafés, brasseries, coupables de servir de l'alcool, est arrêté

pour déclarations attentatoires à l'ordre
républicain.

Il devient un embastillé traumatisé
– dix mois de prison tout de même –,
un vaincu méditatif qui assiste, impuis-
sant, au coup d'Etat institutionnel de
l'armée contre le gouvernement Erbakan en 1997. C'est à ce moment-là que
s'opère la *métamorphose d'Erdogan*, titre
de l'enquête consacrée en 2002 par le
journaliste Rusen Cakir à cette mys-
térieuse alchimie. L'islamiste Erdogan
réalise brutalement et douloureusement,
avec la destitution de son maître et
l'interdiction du parti Refah, que l'islamiste Erbakan s'est trompé, explique en
substance Rusen Cakir. Certes, le pays
est un immense réservoir pour les idées
des deux hommes : mais, pour qu'elles
triomphent du dogme et du système héri-
tés d'Atatürk, il faut jouer le jeu de cet
ordre laïque détesté, aller dans le sens

de la modernité, surfer sur l'écume de l'occidentalisation politique.

C'est ainsi qu'Erdogan se sépare d'Erbakan l'anti-européen, l'anti-tout. Il fonde l'AKP, parti pro-tout. Et surtout pro-Europe. Choix décisif destiné à relooker l'islamisme, à le rendre branché, sexy, auprès de ce marais indécis, ni kémaliste, ni islamiste, simplement malheureux et appauvri, qui fera basculer les urnes du côté de l'AKP.

« Quand, une nuit de juillet 2001, on m'a demandé de rédiger notre programme de politique étrangère, se souvient Yachar Yakis, diplomate et membre du bureau fondateur de l'AKP, j'ai rédigé un texte où le choix de l'Europe par notre parti apparaissait clairement comme l'option la plus révolutionnaire pour la Turquie depuis Atatürk ! »... Gulsun Bilgehan, ancienne députée du CHP à Izmir, petite-fille d'Ismet Inönü, second président de la République de 1938 à 1950, parfaite incarnation de l'orthodoxie républicaine, confirme : « En 2002, même nos islamistes étaient pro-occidentaux ! »

On sait le sort que nos réticences ont réservé à ce désir d'Europe qu'Erdogan avait si magistralement instrumentalisé pour attirer vers son nouveau parti des millions de Turcs indécis. Nous y reviendrons plus loin. Mais pour l'instant, on constatera que le discours du Premier ministre, le 12 juin 2011, clôt un cycle et renoue avec le vieux discours de Necmettin Erbakan. L'islamiste euro-compatible est en effet revenu dans l'orbite stratégique et culturelle de l'islamisme d'hier. Le fait-il contraint et forcé par les rebuffades européennes ? Ou bien, au contraire, s'appuie-t-il sur ces échecs pour revenir à son moi profond : celui d'un islamiste fidèle à sa voie, sa charia, dans l'appel des terres d'Islam, anxieux de balayer l'historique « Adieu, l'Orient ! » lancé par Atatürk le 3 mars 1924 avec l'abolition du califat ?

J'ai rendez-vous au House Café, rue Istiqlal, avec quelqu'un que les références, les mœurs et les propos d'Erdogan exaspèrent.

Gülseren Onanç a présidé le club des femmes chefs d'entreprise et défendu les couleurs de l'opposition laïque en juin 2011 dans la deuxième circonscription d'Istanbul. « J'ai rejoint le CHP parce que les atteintes aux droits des femmes me préoccupent beaucoup, explique cette militante, je n'aime pas du tout la campagne nataliste d'Erdogan : il veut se rapprocher du taux de fécondité moyen-oriental avec un minimum de trois enfants par femme. Une propagande très dure à avaler dans un pays où les féministes se sont tant battues pour le contrôle des naissances ! »

Gülseren doute que les bons conseils du Premier ministre séduisent indéfiniment les Turques. Leur condition n'est pas brillante aujourd'hui alors qu'elles obtinrent jadis le droit de vote avant les Françaises, en 1934. Le travail des femmes reste proscrit par les tabous traditionnels. De toute façon, les crèches manquent cruellement. Celles qui existent, payantes, sont réservées aux riches. L'AKP n'a pas l'intention de créer des crèches publiques. La plupart des épouses de ministres ne travaillent pas. Le voile, que toutes arborent fièrement, leur tient lieu d'identité. Elles le portent collé sur le front pour respecter à la lettre, au cheveu invisible près, le code de la pudeur islamique. Comment ont-elles adopté, du reste, cet étendard du conservatisme politique ? Emine, l'épouse d'Erdogan en personne, avait confié dans une interview qu'elle avait commencé à le porter en raison des pressions exercées par ses frères. Puis vint le sourire vainqueur du jeune Recep Tayyip Erdogan… Leurs filles ont étudié aux Etats-Unis : pour avoir le droit de garder leur foulard à l'université. En Turquie, c'était illégal depuis le coup d'Etat militaire de 1980. En février 2008, les députés de l'AKP majoritaire votent un amendement levant l'interdit. Il est repoussé trois mois plus tard par la Cour constitutionnelle. Mais à la rentrée, le conseil des Recteurs d'université contourne la décision en adoptant une circulaire qui donne ordre d'accepter tous les étudiants, quel que soit leur vêtement. Les facultés sont désormais ouvertes aux jeunes filles voilées. Il est probable que la nouvelle Constitution, telle qu'Erdogan la conçoit, ne se contentera pas de cette circulaire. Le texte futur, dont on sait que l'opposition discutera âprement chaque ligne, s'efforcera de lever toutes les entraves mises au port du voile dans le pays.

« D'un côté, je comprends qu'on ne puisse plus refuser l'accès à l'enseignement supérieur aux étudiantes pratiquantes, concède la journaliste Barçin Yinanç, mais de l'autre, je me demande où le processus s'arrêtera. Dans la ville de Mersin, un père a fait un scandale pour qu'on admette à l'école primaire sa fillette voilée ! Où est la limite ? Le voile est encore interdit dans les administrations, mais jusqu'à quand ? Dans les hôpitaux, va-t-on vers un système où les médecins femmes traiteront les femmes et les médecins hommes les hommes ? »

Ce serait enfreindre la ligne rouge tracée par la Cour européenne des droits de l'homme : une fonctionnaire ne porte pas le voile. Les opposants qui rappellent cet arrêté s'indignent que les épouses du président de la République et du

Premier ministre le transgressent allè-
grement en portant leur voile dans les
cérémonies officielles, bafouant ainsi la
séparation public-privé. La question qui
sous-tend cette querelle permanente entre
deux univers irréconciliables est toujours la même : à quelle vitesse la Turquie roule-t-elle vers l'islamisme ?

Petit à petit, les repères basculent.
Dans les programmes scolaires, les références historiques musulmanes se multiplient en prenant le pas sur les valeurs
occidentales. Dans les meetings électo-
raux, Erdogan n'y va pas par quatre
chemins pour mobiliser la jeunesse :
« Vous avez l'âge de Mehmet le Conqué-
rant quand il s'est emparé de Constantinople ! » Pour faire bonne mesure, le
Premier ministre brandit une tablette
iPad dernier cri : la cerise promise à
chacun sur le loukoum de la croissance.
L'islam et la technologie ont toujours

fait bon ménage dans le discours islamiste. But final : façonner un nouveau monde qui va demander un jour, de lui-même, l'application de la charia, la loi islamique. Transformer la Turquie en champ fertile pour développer des individus chariatistes. Tout est bon : l'éducation, les médias, le discours politique, les réseaux sociaux.

Et comme ailleurs, galvanisés par cet environnement culturel ou plutôt contre-culturel favorable, ce sont les fanatiques qui surgissent de l'ombre. Le 21 septembre 2010, des galeries d'art, dans le quartier de Tophane, à Istanbul, sont attaquées par un groupe d'hommes armés de gourdins. Les assaillants crient « Allah Akbar ! », « Dieu est grand ! » en s'acharnant contre les mécréants qui transgressent selon eux tous les interdits. C'est un soir de vernissage et les artistes réunis dans ce quartier historique de la ville, près de Beyoglu, à côté du musée d'Art moderne, illustrent la vitalité d'une grande cité cosmopolite, créative, énergique et juvénile.

L'affaire de Tophane était donc très traumatisante : elle ne s'était pas déroulée dans un bourg éloigné mais au cœur même de la ville la plus emblématique de la modernité turque. Cet automne-là, au moment même où les cris de haine, les appels à la vengeance divine et les matraques s'abattaient sur les artistes et leurs visiteurs, Istanbul portait le titre de capitale européenne de la culture 2010 ! Le vieux tramway qui dévale gaiement la rue Istiqlal, de Taksim à Tünel, avant de lâcher ses touristes court vêtues au-dessus de Galata, ressemble comme un frère à celui de Lisbonne.

Erdogan, dans les jours qui suivirent le scandale de Tophane, affirma que les faits avaient été exagérés. Il bougonna, du bout des lèvres, qu'il fallait tolérer la coexistence de tous les modes de vie…

Il y a donc un problème. Pas seulement pour les Turcs dont la moitié récuse toujours cette mutation idéologique. Un problème pour les Arabes.

Les Arabes chérissent le modèle turc, c'est entendu. Ils l'aiment comme un diamant bien taillé. La démocratie, la prospérité, l'âme musulmane, la laïcité, l'alliance avec l'Occident, la liberté d'expression.

Quand on observe cet amour, on est inquiet pour lui. Plusieurs facettes scintillent toujours, bien sûr, mais d'autres sont singulièrement ternies. Comme si Erdogan n'en polissait que certaines en rejettant les autres dans l'obscurité. L'identité musulmane flamboie comme un gros solitaire : mais la laïcité s'assombrit de jour en jour, comme la liberté de la presse. L'AKP veut renoncer à la laïcité, rompre les liens avec l'Occident et soutenir les peuples musulmans : mais les Arabes aiment-ils une Turquie moyen-orientale, une Turquie qui leur ressemble ? Ou, au contraire, une Turquie singulière, vivier unique et exceptionnel de passerelles et de passeurs entre les mondes ? La Turquie rétrécie à l'échelle des valeurs islamistes, anti-occidentales, peut-elle incarner le modèle qu'ils cherchent dans le sillage de leurs révolutions ? Allons jusqu'au bout : l'AKP ne va-t-il pas détruire à long terme le *modèle turc* ?

Ainsi, les Arabes n'ont cessé de proclamer, sur les places de leurs capitales insurgées, qu'ils entendaient construire le nouveau destin de leurs patries avec toutes les composantes religieuses et politiques. On se souvient de la bouleversante image, sur la place Tahrir, au Caire, de ce musulman très pieux, portant sur son front la tache brune des cinq prières quotidiennes, tenant la main d'un Copte, croix bleue tatouée sur le poignet. Ce spectacle donnait la mesure de la nouvelle unité du peuple égyptien, qui revendiquait pour tous la même citoyenneté dans l'Etat de droit à naître. Des massacres anti-coptes se sont déroulés à maintes reprises avant la révolution égyptienne. Ils ont recommencé dans les mois qui ont suivi. Ces troubles sanglants n'ont pas été le fait des révolutionnaires mais bien des mercenaires payés par les bandes restées fidèles au régime de Moubarak. Les révolutionnaires, eux, continuent à répéter que sans « *wahdat* », sans unité confessionnelle et politique, la nouvelle Egypte sera en danger.

Or le modèle turc, sur le plan de l'unité et de l'égalité confessionnelles, a encore du chemin à faire pour mériter son titre.

« Etre différent devient de plus en plus difficile », constate l'universitaire Binnaz

Toprak, qui travaille sur la relation avec l'autre dans la société turque. On connaît les séquelles de la tragédie arménienne, réactivée le 19 janvier 2007 par le meurtre de Hrant Dink, le directeur de la revue arménienne *Agos*, l'intellectuel phare non seulement de sa communauté mais aussi le symbole de tous ceux qui voulaient réconcilier les Turcs de toutes confessions. Meurtre non élucidé dont la seule évocation, parce qu'elle met à jour les contradictions de la police, suffit à jeter un journaliste en prison. La normalisation avec l'Arménie, entamée en 2009, a été symboliquement mise à mal en avril 2011, le jour même de la commémoration du génocide de 1915 : le monument célébrant la réconciliation des deux peuples, qui se dressait à Kars, non loin de la frontière avec l'Arménie, a été détruit sur ordre d'Erdogan. Il aurait fait de l'ombre au mausolée d'un saint musulman, à quelques centaines de mètres… De toute façon, les accords qui devaient permettre d'ouvrir une nouvelle ère n'ont jamais été ratifiés. La frontière reste fermée.

Un autre drame est souvent oublié. Il concerne pourtant 20 millions de Turcs. Le quart de la population qui n'a pas droit à la parole religieuse et citoyenne. Il s'agit des Alévis.

Leur situation peut se comparer à celle des Coptes en Egypte. A cette différence près que les Alévis ne sont pas chrétiens mais descendants d'une branche du chiisme. Dans leurs lieux de culte, les « Cemevis », non reconnus par l'Etat, les images d'Ali et Hussein, les deux icônes du chiisme, côtoient le portrait d'Atatürk. Et voilà le problème. Les Alévis, héritiers d'une cruelle histoire de persécutions tout au long du califat ottoman sunnite, virent en effet briller un espoir avec la destitution du Sultan et la proclamation de la République turque par Mustapha Kemal. Atatürk, qui détestait les imams et les confréries, arracha ces malheureux à leur déréliction. Les Alévis surent s'en souvenir et comptent toujours parmi les plus ardents défenseurs du kémalisme.

L'islamisme rampant, puis triomphant, a réveillé les blessures des Alévis. En 1993, déjà, s'était produit le massacre d'intellectuels à Sivas, dans l'incendie criminel d'un hôtel où se tenait un séminaire. Le lieu du supplice deviendra un musée, promet Erdogan. Mais les faits sont là : depuis l'arrivée de l'AKP au pouvoir, les Alévis sont exclus des réseaux économiques. Ils sont ingénieurs, avocats, médecins. Jamais hommes d'affaires. Le parti les accuse de complicité avec l'armée. Il réactive insidieusement les rumeurs qui leur ont valu maints pogroms sous l'ère califale : les Alévis organiseraient des fêtes religieuses orgiaques, ils commettraient profanation sur profanation.

L'éternel langage de la haine. Ces clichés sont largement répandus dans les milieux proches du pouvoir. Qu'on soit boutiquier ou homme politique, pas question de donner sa fille en mariage à un Alévi…

Alors, 20 millions d'âmes, le quart de la Turquie, se sentent de plus en plus des étrangers sur leur sol natal. Par peur de perdre leur travail, les Alévis commencent à observer le ramadan. Pendant le mois sacré, beaucoup allument à l'aube, dès 5 heures, pour faire croire au voisinage qu'en bons croyants, ils prennent le premier et dernier repas de la journée de jeûne. Bien sûr, l'AKP compte deux ou trois députés alévis. Ce sont des alibis.

Leur grande « Cemevi », leur lieu de culte, se trouve à Karaca Ahmet, sur la rive asiatique. Mais officiellement, les Cemevis n'existent pas. Les Alévis, argue le pouvoir, sont des musulmans, ils n'ont qu'à fréquenter les mosquées. Or les Alévis ne se considèrent pas comme des musulmans. Hommes et femmes prient côte à côte.

Dans l'isolement et les persécutions, ils se sont forgé une adoration à part, plus universaliste que mahométane malgré le culte d'Hussein et d'Ali. Leurs enfants doivent pourtant subir un enseignement religieux sunnite, théoriquement optionnel, obligatoire dans les faits, qui les traite de mécréants. Et la mention « musulman » est toujours apposée sur leur carte d'identité.

« Les Alévis sont allés devant la Cour européenne des droits de l'homme pour que soit retirée la mention de la religion sur les cartes d'identité et ils ont gagné. Mais le gouvernement a décidé d'ignorer cette injonction », explique Elise Massicard, spécialiste du dossier, à l'Institut français d'études anatoliennes.

L'AKP, en 2008, a entamé un « dialogue officiel » avec les Alévis. N'y ont participé que les organisations alévis pseudo-représentatives, proches du pouvoir. Les laïcs, qui constituent la véritable base de la communauté, n'ont pas suivi.

Les Alévis ont essayé de devenir des citoyens à part entière dans le sillage de la grande idée d'Atatürk : la Turquie, Etat-nation. Aujourd'hui, ils sont redevenus des citoyens entièrement à part au prisme de la foi d'Erdogan : la Turquie, Etat-religion, nation-Islam. « Son idéal de société, c'est la cohabitation des communautés religieuses sous l'Empire ottoman », raconte Daniel Cohn-Bendit, qui se souvient de sa première rencontre avec Erdogan, alors maire d'Istanbul. Au temps des Ottomans, ces communautés, les

« millet », se définissaient par la religion. Elles étaient, bien entendu, placées sous le contrôle de la religion souveraine et califale : l'Islam sunnite. Même la question kurde, Erdogan entend la traiter sur le mode de l'Oumma : puisque les Kurdes sont musulmans, ils ne peuvent avoir de visées irrédentistes.

Où l'on voit que le « modèle » s'éloigne singulièrement des visées de la révolution tunisienne qui donna le coup d'envoi des nouveaux temps arabes à partir du 14 janvier 2011. Le grand juriste Yadh Ben Achour, président de la commission de réforme politique de la Tunisie, chargée d'élaborer la nouvelle Constitution, trace la voie du futur :

« L'Etat de droit ne peut admettre ni la subordination directe du monde politique à la religion, ni leur fusion » écrit-il dans *La Deuxième Fâtiha*, la profession de foi de cet homme libre. Et il poursuit : « Par nature, l'Etat de droit est un Etat laïcisé. Il ne faut pas avoir peur du mot parce que, parmi ses bienfaits, il ne veut rien d'autre que de libérer la religion de ses propres chaînes. »

Ce fut le chemin choisi, décidé, imposé par Atatürk, avant Bourguiba.

Comment ne pas être pris de vertige devant le dérèglement systématique du sens républicain turc qui a inscrit le pays dans l'histoire moderne ? J'ai éprouvé ce vertige à la puissance mille à Ankara, au cœur d'une forteresse : le mausolée d'Atatürk. Plus qu'un mausolée : un monde. Marbre, colonnes, fresque, gigantisme. Guerre, fureur, batailles mythiques. Ordres anciens écroulés, astres nouveaux émergeant d'une brume de sang. En lettres d'or, immenses, scintille le dernier message d'Atatürk à l'armée, écrit le 20 octobre 1938 : « Vous serez toujours prêts à défendre l'honneur de notre pays et de notre civilisation contre toute espèce de danger, intérieur ou extérieur »... La sono diffuse en boucle la canonnade triomphante. Les visiteurs s'agglutinent, fascinés. On peut difficilement imaginer que le monde inventé par Atatürk – dont l'œil bleu glacier fixe les visiteurs sur des centaines de tableaux – soit un monde défunt. Les couloirs du mausolée, ce sont les vallées de l'Histoire. Les femmes voilées de 2011 regardent les photos des femmes dévoilées de 1930. Comme à Istanbul, en face du palais Dolmabhace où réside Erdogan. En longeant les murs de l'autre côté de la route, on croise un feston de photographies en noir et blanc : Atatürk et son épouse dans les salons de la nouvelle Turquie, Atatürk et les belles cantatrices, Atatürk se mirant dans son nouvel Occident.

Mais le nouvel Occident du visionnaire n'a pas atteint la Turquie profonde. Même harcelées, démantelées, les confréries renaissaient, l'Orient faisait de la résistance. Orhan Pamuk, lui-même enfant de la bourgeoisie républicaine occidentalisée, affranchie de tous les codes ancestraux, ne cesse de décrire les traumatismes silencieux qui ont cheminé pendant plusieurs décennies dans les strates profondes de la société turque. L'écrivain rappelle régulièrement que la Turquie, à l'inverse des autres peuples musulmans, n'a jamais été colonisée par les Occidentaux mais s'est en quelque sorte colonisée elle-même, notamment à travers le rejet du costume et de tout l'être ottoman par Atatürk.

Les victoires successives d'Erdogan, cet anti-Atatürk que l'on compare désormais à l'autre, tant sa longévité politique impressionne, s'expliquent aussi par le mouvement de balancier vers l'islam, le retour au vieux monde interdit qui n'avait jamais lâché prise. La réussite économique a permis, depuis 2002, d'afficher au présent ce désir d'hier.

Pour autant, le passé kémaliste peut-il être intégralement englouti ? Les certitudes d'Erdogan vont-elles pulvériser le triangle islam-laïcité-République qui fait de la Turquie un cas unique dans le monde musulman ?

« Même avec 95 % des voix, l'AKP ne pourra pas le changer, prophétisent les adversaires du Premier ministre. Sinon, ce sera la guerre civile… »

3

L'imposture géopolitique

Malgré les bosquets dont Atatürk a parsemé la steppe, l'été broie Ankara dans la fournaise anatolienne. Yasar Yakis regrette d'autant plus son frais jardin de noisetiers, à Düzce, sur les rivages de la mer Noire. Mais cet ancien ministre des Affaires étrangères, député de l'AKP et membre du bureau fondateur du « Parti pur », doit rester au Parlement pour boucler les affaires de sa province. Au restaurant de l'Assemblée, on le salue respectueusement. Yakis est l'homme qu'Abdullah Gül, l'actuel président de la République turque, supplia voici dix ans de rejoindre le groupe de militants qui piaffaient d'impatience autour de Recep Tayyip Erdogan.

Yasar Yakis n'a rien d'un musulman pratiquant. Il ressemble trait pour trait à un homme politique du parti kémaliste laïc. Seulement, en 2001, à l'AKP, on n'entendait rien aux affaires étrangères. Le chapitre international du programme du nouveau parti était vide. Or Yakis avait derrière lui une scintillante carrière de diplomate. En poste en Egypte, en Syrie, en Arabie Saoudite, reçu à Bruxelles comme à Washington, il connaissait le Moyen-Orient dans le texte, l'Europe par cœur, l'Amérique sur le bout des doigts. Atout considérable pour l'AKP. Il fallut une nuit au nouveau militant pour rédiger le texte qui allait tenir lieu de ligne géopolitique aux futurs maîtres du pays. C'était pro-occidental et islamiquement incorrect : marche à l'Union européenne, renforcement de l'alliance stratégique avec les Etats-Unis, médiation active entre Israéliens et Palestiniens « pour que le sang et les larmes cessent de couler des deux côtés ».

La Turquie, aujourd'hui, fait exactement le choix inverse. Comme si le programme rédigé par Yasar Yakis avait été purement et simplement déchiré. Il voulait être l'homme qui rapprocherait la Turquie du monde occidental : elle est en train de s'en séparer. Dans son bureau, au Parlement, le vieux diplomate égrène ses griefs :

« La question de Gaza n'est pas une priorité pour la Turquie : d'autres pays s'y sont brûlés… Nous aurions dû faire preuve de plus de subtilité… L'Iran… nous n'avons rien à gagner face à un grand voisin nucléarisé… »

Erdogan n'est pas un subtil. Là où il passe, l'herbe diplomatique occidentale ne repousse plus. En 2005, il avait fait des concessions, l'Europe les valait bien.

Dans les chancelleries, alors que s'ouvrent les négociations avec l'Union européenne, il est suffisamment habile pour recruter un personnel « exportable » qui n'effraiera personne, avec épouses non voilées. Cinq ans plus tard, il étreint le président iranien Mahmoud Ahmadinejad, réélu lors de l'élection truquée de juin 2009, le bourreau de la jeunesse iranienne. Pour le Premier ministre turc, « ce croyant ne peut pas mentir ». Pas question, donc, de voter les sanctions contre Téhéran. Il est vrai que la Turquie dépend du voisin perse pour ses exportations de gaz. De même, Erdogan soutient que le Soudanais Omar el-Béchir, poursuivi pour crimes contre l'humanité par la Cour pénale internationale, « n'a pas pu commettre de génocide puisqu'il est musulman » ! Préméditant depuis longtemps un divorce avec Israël – alors que la Turquie fut la première nation musulmane à reconnaître l'Etat hébreu naissant –, Erdogan menace de rompre les relations diplomatiques au lendemain de la tragédie de la flottille vers Gaza qui avait fait neuf victimes turques lors de l'arraisonnement du bâteau par la marine israélienne le 31 mai 2010. En 2001, les échanges avec Tel-Aviv représentaient 40 % du commerce extérieur de la Turquie : ils s'effondrent à 8 % en 2010. Le parti kémaliste, le CHP, est accusé de défendre Israël et de trahir la nation. La politique extérieure devient un enjeu de politique intérieure. Après les législatives de juin 2011, quelques-uns des conseillers d'Erdogan, les derniers pragmatiques qui l'entourent, tentent en coulisses de recoller les morceaux entre l'Etat hébreu et le nostalgique de la puissance ottomane. Mais le 2 septembre 2011, l'ambassadeur d'Israël à Ankara est expulsé et tous les accords militaires suspendus. C'est le coup d'éclat du Premier ministre turc après la publication du rapport de l'ONU qui légitime le blocus maritime de Gaza par Israël pour des raisons de sécurité. Le Hamas remercie chaleureusement Ankara pour sa « réponse aux crimes israéliens ». Quant à l'Union européenne, Erdogan n'y a même pas fait référence lors de sa dernière victoire. Même si les lobbies turcs, notamment à Paris, s'activent avec fébrilité pour tenter de réparer l'irréparable. Le plus récent, le cercle du Bosphore, a signé en juin 2011 une convention avec l'UMP malgré l'aigreur des relations entre Nicolas Sarkozy et Recep Tayyip Erdogan.

Car la Turquie, avant l'Algérie, l'Inde, le Brésil, est un partenaire économique majeur pour Paris qui y a investi 20 milliards de dollars. Renault, Carrefour, Axa, emploient 70 000 personnes.

100 000 étudiants apprennent le français et on compte dix lycées turcs francophones. Atatürk, le premier, était francophone : c'est notre siècle des Lumières qui l'a inspiré pour fonder la République turque. Quand les Turcs pensent Europe, ils pensent donc France, même si c'est en Allemagne que vivent la majorité de leurs concitoyens expatriés. D'où leur colère, en octobre 2006, quand le Parlement français a pénalisé la négation du génocide arménien en la punissant d'un an d'emprisonnement et d'une forte amende. A l'époque, le quotidien *Hürriyet* avait barré sa une de noir, comme un avis de décès en titrant

« Liberté, égalité, stupidité ! »

J'étais à Istanbul à ce moment-là, avec Serdar Devrim, l'un des grands éditorialistes d'*Hürriyet*. Il la justifiait avec fierté, sa couverture funèbre :

« Oui, ce vote, cette nouvelle déchirure,

c'est bel et bien stupide ! La France, c'était notre modèle ! Les valeurs européennes, c'est elles que nous voulions porter ! Mais votre arrogance va nous mitonner un Parlement de plus en plus islamiste et nationaliste… »

Notre conversation avait pour cadre un salon du vieil hôtel Pera Palas, qui fut naguère l'orgueil de Pera, le quartier le plus européen et le plus français d'Istanbul. Il n'avait pas encore été rénové – il a retrouvé sa splendeur en 2009 – et une âcre odeur de poussière planait sur ces lieux où avaient dansé jadis les ambassades, les idées et les amours. Dehors, régnait un bleu vaporeux mais les fenêtres étaient fermées. Les balcons, où le souffle du Bosphore métissait naguère les lumières orientales et occidentales, étaient condamnés. Les paroles de Serdar Devrim n'en étaient que plus poignantes :

« Nous qui défendons la démocratisation, l'émancipation féminine, le respect des droits du citoyen, nous avions un accord tacite avec l'Europe ! C'est nous, les Européens de Turquie, que la France, l'Europe ont trahis ! »

Ces Turcs-là, loin d'être minoritaires quand se sont amorcés les pourparlers avec l'Union européenne, doivent désormais rendre des comptes quand ils osent encore défendre le projet européen. Sur les 35 chapitres nécessaires à une candidature, 13 seulement sont ouverts. Plusieurs restent gelés, notamment en raison de l'opposition de la France à l'adhésion et de la question chypriote, Ankara refusant l'accès de ses ports aux navires chypriotes grecs. De toute façon, le désir d'Europe est en chute libre dans l'opinion turque. Il ne reste plus que 36 % de partisans de l'adhésion, selon un sondage effectué pendant l'hiver 2010 par le centre TESEV, la fondation d'études économiques et sociales turques. Ils étaient 73 % en 2004 ! Même si Erdogan a créé, quelques jours avant les législatives de 2011, un ministère de l'Union européenne, personne ne s'illusionne : c'est vers le monde arabe, et plus largement vers le vaste monde islamique, du Pakistan à l'Indonésie, que se tourne désormais le chef de l'AKP et le maître des destinées de la Turquie.

Qu'est-il arrivé ? Le dépit de se voir relégué dans la salle d'attente de Bruxelles ?

« L'intransigeance européenne pousse la Turquie à forger des alliances avec la Russie et l'Iran ! » tonnait en 2006 l'ex-ministre allemand des Affaires étrangères Joschka Fischer en fustigeant « l'inconséquence » du Vieux Continent. Dans les jardins de l'université francophone Galatasaray, Ahmet l'étudiant lui répond en écho : « Un grand seigneur congédié par son jardinier : voici la position des Turcs, dont l'empire a jadis dominé le monde face au mépris européen ! » Galatasaray, cet ancien palais ottoman, est pourtant le miroir d'une authentique histoire d'amour entre Istanbul et Paris. En inaugurant l'université en 1992, François Mitterrand et le président turc de l'époque, Turgut Ozal, entendaient poursuivre et développer l'ancestrale complicité culturelle entre les deux pays. Celle qui, au XVIIe siècle, autorisait la Validé, la mère du Sultan, à donner des fêtes somptueuses, avec moult eunuques noirs, en l'honneur de la très gracieuse Madame de Girardin, épouse d'un ambassadeur de France adulé par Constantinople.

Tout ce passé a-t-il sombré dans les flots, lesté de pierres comme le corps des favorites déchues pleuré par le Victor

Hugo des *Orientales* ? A sa place, rayonnerait donc la gloire de reconquérir les cœurs musulmans en s'emparant de la cause palestinienne ?

Les diplomates turcs eux-mêmes se perdent dans les arcanes de cette métamorphose. 80 % des hauts fonctionnaires sont paradoxalement pro-occidentaux, affolés par cette nouvelle saga islamique qui ouvre sans doute des marchés vers l'Est mais ferme bien des routes vers l'Ouest.

Le gouvernement ne porte évidemment pas ces sceptiques dans son cœur. Une pléiade d'ambassadeurs à la retraite, exaspérés que le Premier ministre les accuse d'être des dandys virevoltant entre champagne et réceptions – Erdogan les surnomme cruellement les « Mon cher » –, lui ont adressé une lettre ouverte au printemps 2010. Ils soulignaient qu'ils avaient occupé des positions exposées, partout où le feu faisait rage, du Pakistan à l'Irak et l'Afghanistan : trente-quatre de leurs collègues, rappelaient douloureusement ces diplomates de haut vol, avaient été tués par le terrorisme.

Erdogan ne réagit pas. Il ne fait confiance qu'au noyau dur de l'AKP, rassemblé dans le sérail du ministre des Affaires étrangères, le très pieux et très dogmatique Ahmet Davutoglu. Lequel appartient, comme le président de la République Abdullah Gül, au cercle très restreint de ceux que le Premier ministre appelle ses « Frères ». C'est un universitaire, incollable sur le nom des mosquées de toutes les contrées jadis conquises par le califat. Mais Ahmet Davutoglu n'a jamais été aussi heureux, confie-t-il volontiers, qu'en voyant le jour se lever sur le mont des Oliviers, à Jérusalem. Le plus grand moment de sa vie ? Ce sera « l'instant où tous les musulmans iront

prier sur l'esplanade des Mosquées »,
attend-il, les yeux brillants.

Une vision complètement étrangère
aux Turcs qui ont rejoint l'AKP en
croyant prendre un ticket pour l'Union
européenne et se retrouvent dans le train
pour Téhéran. Comme on est loin de
la Conférence des pays non alignés, à
Bandung, en Indonésie, en 1955, où la
Turquie s'était fait insulter parce qu'elle
prenait la défense absolue des Etats-
Unis…

« Adieu le monde ancien, pavoisent
au contraire les partisans du virage vers
l'Est, la Turquie a été trop longtemps
un commissariat de police préposé à la
défense des intérêts occidentaux : tant
mieux si elle devient un centre commer-
cial où la croissance économique sert de
rampe de lancement à la nouvelle politique étrangère ! » En 1996, déjà, lors de
l'éphémère premier gouvernement isla-

miste (renversé par l'armée en 1997), Necmettin Erbakan avait voulu créer un marché commun islamique. Sans aucun succès. La Turquie était trop mal en point. Sous Erdogan, la croissance retrouvée sert de rampe de lancement aux ambitions internationales. La stabilité économique se conjugue à la volonté d'expansion. La Turquie est désormais la 17ᵉ économie mondiale avec 800 milliards de dollars de PNB. L'objectif d'Erdogan pour 2023, où l'on fêtera le centenaire de la fondation de la République ? Hisser son pays à la dixième place. Alors pourquoi persister à s'humilier dans l'antichambre d'une Europe dubitative et sermonneuse ?

« Pourquoi Paris a-t-il pris la tête des pays qui nous disent non ? Vous nous avez rejetés à une frontière vers laquelle nous, les Turcs républicains et modernes, ne voulions pas aller ! » s'exclame amèrement la députée de l'opposition Gülsün Bilgehan.

Qu'importe désormais ? Aujourd'hui, l'Europe est affaiblie par les désastres grecs, portugais, espagnols. Alors que les voies de l'Orient sont proches et, elles au moins, pénétrables. On commerce donc inlassablement avec l'Iran, on supprime les visas pour les ressortissants des pays arabes, on cajole le touriste du Golfe. Tout un Orient enfoulardé, à l'image de la pudique Madame Erdogan, déferle dans une Turquie qui unirait sans complexes l'Islam et la modernité. Dans les Balkans, l'infatigable Ahmet Davutoglu court humer les effluves tenaces de la grandeur ottomane. Bel élan, aussi mercantile qu'impérial. Comme si, d'instinct, se réinstallaient les repères d'autrefois. Familiers, familiaux.

Engin Soysal, ancien ambassadeur à Islamabad, désormais en charge du dossier Pakistan-Afghanistan, descend d'une vieille famille de diplomates ottomans. Natif d'Istanbul, aussi discret, prudent et fidèle aux consignes de l'AKP qu'un émissaire du Sultan, il se souvient de son adolescence à Beyrouth où son père était en poste : « Mon collège était situé juste en face du camp de réfugiés de Tell al-Zaatar. Mes copains libanais et palestiniens me demandaient sans cesse pourquoi les Turcs ne s'intéressaient pas à eux… »

Ils s'y intéressent si fort désormais qu'une étrange mutation s'est produite. En rejetant Israël et l'Amérique, en se ralliant au Hamas et à Téhéran, la Turquie, pourtant toujours membre de l'OTAN, ne va-t-elle pas, encore une fois, à l'instar du tropisme islamo-autoritaire d'Erdogan, devenir un pays du Moyen-Orient comme les autres, aveuglé par la passion et inapte à la médiation ?

On connaît les arguments de ceux qui, au contraire, applaudissent le grand virage géopolitique, le redéploiement turc : la Turquie est désormais une puissance globale avec une façade méditerranéenne, balkanique, et proche-orientale. Réconciliée avec elle-même, elle a légitimité à rayonner à l'extérieur, vers ses zones d'influence ancestrales, pour créer une profondeur stratégique. Mais quelle peut être la légitimité internationale d'un « modèle » qui fait défiler, à Ankara et Istanbul, des milliers de barbus et de femmes encagoulées de noir, lors des grandes manifestations anti-israéliennes de l'été 2010 ? En plongeant dans le brasier, Erdogan oublie que le charme et la force de la Turquie, aux yeux des diplomates arabes, valaient aussi par sa proximité avec Washington et l'Etat hébreu. Tous les parfums de l'Orient, toutes les prières de Médine, tous les drapeaux de Gaza ne sauraient remplacer ce statut unique de puissance musulmane laïque et pro-occidentale. L'héritage d'une fascination qui remonte à l'empire. Ainsi, aucun des trente-six sultans ottomans n'avait fait de pèlerinage à La Mecque. Dès le XVIe siècle, ils regardaient plus vers le Bosphore que vers l'Anatolie. C'est l'Europe qui fut leur grand rêve.

Pour ancrer leur pays sur la rive européenne, des laïcs déçus avaient rejoint l'AKP, perçu en 2002 davantage comme le parti des réformes que comme celui de l'islam. Leur « Realpolitik » s'est heurtée aux rebuffades de Bruxelles mais aussi aux émotions d'Erdogan.

Le Premier ministre et ses amis sont en effet d'incurables romantiques. Sans doute les derniers au monde à croire en l'unité arabe, en l'harmonie fraternelle et fusionnelle de l'Oumma, la communauté mondiale des croyants. Emporté par son rêve des noces islamiques, Erdogan réclame « une voix musulmane » au Conseil de sécurité des Nations unies. Il fait attribuer à la Turquie le secrétariat général de l'Organisation de la conférence islamique. En 2009, il s'oppose sans succès à la nomination du Danois Rasmussen au secrétariat général de l'OTAN, furieux de voir honorer le Danemark, pays où l'on a osé caricaturer Mahomet ! C'est que le leader turc et son dévot vizir des Affaires étrangères Ahmet Davutoglu brûlent de se sentir aimés des musulmans de toute la terre. Ivresse pour le Premier ministre de se voir salué par la rue arabe, en janvier 2009, à son retour de Davos, le rendez-vous des décideurs de la planète où il a lancé au vieux Shimon Peres, le président israélien, un mémorable : « Vous savez bien tuer les gens ! »… Jouissance, en 2010, d'entendre acclamer « Erdogan, le nouveau Nasser », après le drame de la flottille vers Gaza. Extase, en 2011, quand les révolutionnaires commencent à invoquer le « modèle turc », de Tunis au Caire. Des gestes symboliques suivent aussitôt. Abdullah Gül se rend au Caire dans les premières semaines qui suivent la chute d'Hosni Moubarak. Ankara accueille en visite officielle Rached Ghannouchi, le leader d'Ennahda, le parti islamiste tunisien peu de temps après la chute de Zine el-Abidine Ben Ali. Avant la destitution des despotes, Erdogan a utilisé sur le plan diplomatique le vide abyssal de leadership dans le monde arabe. Avec les révolutions, une autre aimantation s'installe : la Turquie du « modèle » chéri par les contestataires arabes, ce n'est plus seulement un homme mais tout un système.

Extraordinaire défi. Et terrible malentendu. Car n'est-ce pas la démocratie laïque et kémaliste qui a formé et transformé les islamistes turcs de l'AKP en leur imposant ses lois et ses lignes rouges ? Si Erdogan persiste à rudoyer la démocratie, comme il est en train de le faire, que pourront bien trouver les jeunes révolutionnaires dans ce miroir déformé ?

Ozgür est avocat. Il est né au cœur de l'Anatolie, il y a quarante-deux ans, à Kayseri, une ville ultra-conservatrice. Son grand-père était portefaix, son père officier. Cependant, il trouve légitime et juste que l'armée rentre dans ses casernes. Comme il trouve illégitimes et dangereuses les nouvelles orientations géopolitiques du régime : « La Turquie est une puissance, mais pas une puissance solitaire. Mon pays est indissociable de l'Europe et de l'Occident. Dans une ou deux générations, les immigrants de la Turquie du Sud-Est vont s'intégrer aux grandes villes qui les effrayaient. La religion, dans laquelle ils voient encore aujourd'hui un cocon protecteur, va se normaliser, se banaliser. L'islamisme politique, alors, devra réexaminer ses choix. Nous ne sommes pas un pays musulman mais une république. Nous ne sommes pas un pays islamique moderne mais une république moderne ! »

On n'ose pas lui dire Inch'Allah…

4

De l'islamisme modéré

Nous avons tous éprouvé les tourments du cœur. Nous savons en conséquence que l'une des principales forces du désir consiste à se persuader que l'objet convoité nous correspond absolument, paré des vertus qui manquaient cruellement à notre moi solitaire, en quête de complétude et d'unité. La poursuite et la concrétisation de nos passions se chargent ensuite de nous prouver que l'objet, en réalité, n'est paré que de lui-même. Fin de la cristallisation et début de la lucidité.

Si nous descendons l'échelle des valeurs de plusieurs crans et que nous remplaçons les élans de l'amour par les emballements pour l'un des produits qui ruissellent du puits inépuisable de la consommation, nous constatons que le discours publicitaire vise à nous convaincre de l'absolue nécessité de son acquisition selon le même processus psychologique que nous avions mis en œuvre, nous-mêmes, dans le domaine amoureux : comme l'homme ou la femme aimés, le produit s'encastre exactement dans les contours qui avaient été prédessinés sans accorder la moindre attention à la réalité.

Le concept d'islamisme modéré, lui aussi, s'encastre à la perfection dans ce mécanisme où se conjuguent l'émotion, la psychologie, l'inconscient et le marketing.

Nous ne pouvons en effet qu'éprouver une grande soif d'*islamisme modéré*, tant *l'islamisme* seul a déployé de cruauté et de nihilisme. De la barbarie utilisée en Algérie contre des musulmans aux attentats contre des Occidentaux, du New York du 11 septembre aux bombes et aux kamikazes de Madrid, Bali, Londres, Bombay, Paris, Karachi, les crimes de l'islamisme excèdent le champ de la rationalité. Nous rêvons de le voir englouti, avec Oussama Ben Laden, en mer d'Oman.

Mais pour l'instant, c'est impossible. Les djihadistes recrutent toujours au Pakistan. Bagdad explose chaque jour. Les talibans afghans ne vont pas se muer en lecteurs de Montesquieu et de Tocqueville quand les troupes américaines et françaises se retireront du « pays de l'insolence ». Le royaume d'Arabie Saoudite, avec lequel les démocraties occidentales entretiennent d'excellentes relations, flagelle, mutile rituellement et interdit toute existence normale aux femmes. La République islamique d'Iran, avec laquelle l'Occident a en revanche des rapports exécrables, enterre dans le sable des adolescents, des femmes, des hommes, accusés par la rumeur ou la jalousie d'avoir fait l'amour ou tenté de le faire. La République islamique d'Iran, par ses juges souverains, et au nom d'Allah le Miséricordieux, ordonne qu'on écrabouille la tête des présumés coupables avec une avalanche de pierres jetées par la foule enthousiaste. La jeunesse iranienne, qui s'est mobilisée en juin 2009 et continue à se battre malgré la répression, la torture, la censure, s'est dressée contre l'islamisme. Je ne suis pas certaine que son combat soit destiné à faire triompher *l'islamisme modéré*. Shirine Ebadi, l'héroïque avocate iranienne, Prix Nobel de la paix, en exil depuis 2009, m'a confié un jour que l'athéisme ne cessait de progresser en Iran.

L'islamisme semble donc durablement

enkysté, malgré les coups qui lui sont régulièrement portés.

Les derniers viennent des révolutions arabes. Du moins de certaines d'entre elles. Et là encore, nous avons ardemment espéré. Pour avoir assisté à la révolution tunisienne, je puis attester qu'elle n'avait précisément rien d'islamiste. Les inévitables Frères musulmans se sont greffés sur la foule des révoltés une fois que Ben Ali était tombé. Il leur a fallu quinze jours pour rattraper le wagon des temps nouveaux. Au Caire, si les Frères musulmans étaient présents place Tahrir, cœur battant de la révolution égyptienne, ce ne sont pas eux qui ont déclenché le mouvement. Néanmoins, les islamistes font désormais partie du paysage politique légal tunisien et égyptien. Ils constituent une force agissante au Yémen, mais aussi en Libye où on oublie un peu vite la nature secrètement djihado-compatible de certains éléments du Conseil national de transition. Les islamistes pèsent sur les destinées de la Jordanie où le roi Abdallah est en mauvaise posture et sur celles du Maroc où ils siègent au Parlement. Ils sont largement représentés dans les rangs de l'opposition syrienne : les épouvantables massacres de civils perpétrés par Bachar el Assad, dans le fil sanglant des exactions commises naguère par son père Hafez en 1982 dans la ville de Hama, ont encore renforcé leur solidarité.

Dans ce catalogue, se mêlent islamistes et islamistes modérés. C'est que les lignes se brouillent souvent. Même les plus fins représentants de la diplomatie s'y perdent. Ainsi, Alain Juppé, notre ministre des Affaires étrangères, a déclenché une véritable révolution islamique au Quai d'Orsay en déclarant la France prête à ouvrir « un dialogue

sans complexe avec les courants islamiques ». Il l'a annoncé le 16 avril 2011
devant un parterre d'intellectuels et de
politiques venus du Maghreb et du
Moyen-Orient, dans le décor séduisant
de l'Institut du monde arabe. A la tri-
bune, des représentants des Frères musulmans tunisiens et égyptiens. Plus question
pour la diplomatie française de traiter ces
invités – ces émissaires ? – comme des
pestiférés. Elle a raté le coche trop souvent, surtout en Tunisie avec son soutien
à Ben Ali jusqu'au tout dernier instant.
Alain Juppé fait acte d'humilité : « Nous
pensions très bien connaître les sociétés
arabes : en fait, nous en ignorions des
pans entiers… » Avide de se rattraper, il
met donc à l'honneur les mouvements
« islamiques » qui se distinguent, en
Juppé dans le texte, des « islamistes »,
les derniers méchants, ceux qui n'ont pas
renoncé à la violence. Désormais, la

France sourira aux gentils « islamiques », ceux qui ne feraient pas de mal à une mouche démocrate vu qu'ils sont eux-mêmes de parfaits gentlemen démocrates.

Parmi ces gentlemen, Recep Tayyip Erdogan occupe évidemment une place de choix depuis longtemps, non seulement pour les diplomates mais pour une large partie de l'opinion. La première place. Tant est puissant le besoin de voir palpiter, avec *le modèle islamiste modéré*, l'objet qui nous sauve de l'islamisme. Pour les consciences inquiètes, ce souple concept présente également l'avantage de réaffirmer l'empathie avec l'islam, qu'on ne craint plus de voir confondu avec *l'islamisme* puisque celui-ci se serait *modéré*. Le fait que de nombreux musulmans, en France, en Turquie, en Tunisie, au Maroc, en Algérie et ailleurs, récusent, eux, toute affinité et collusion avec l'islamisme, quelle que soit sa modération réelle ou fantasmée, ne dérange nullement les amants du beau modèle. Tant la nécessité de croire aux mérites de ce qui peut guérir le manque est la plus forte…

C'est pourquoi le modèle turc, dont nous venons de démontrer les fausses vertus, exerce un charme puissant sur ces esprits flottants. Encore plus depuis les révolutions arabes. L'incroyable torrent a renversé tant de certitudes et ouvert des horizons si vastes que les indécis veulent absolument assigner une direction à ce qui n'en a pas encore, dans l'attente des élections qui préciseront le futur de la Tunisie et de l'Egypte, et dans le trouble où nous jettent l'intervention en Libye, l'insurrection au Yémen, la révolte en Syrie.

Sur tous ces grands corps blessés mais triomphants, de Tunis à Sanaa, que consument ou ressuscitent les fièvres les plus diverses, *l'islamisme modéré* doit verser un onguent bienfaisant. Les peuples le réclament du reste eux-mêmes. Enfin, une partie seulement : il n'est pas certain, par exemple, qu'en Tunisie, le mouvement Ennahda fasse l'unanimité dans une opinion qui, répétons-le, a renversé son tyran sans l'aide des islamistes. Mais nous n'y prenons pas garde car Ennahda, et les Frères musulmans égyptiens, n'ont cessé, depuis la chute des despotes, de faire admirer leur nouveau visage, lifté selon l'esthétique du *modèle turc*. Expression devenue un véritable tic de langage, une formule magique, omniprésente, qui se suffit à elle-même. Sa force aveuglante dispense de toute vérification et investigation. Elle se hausse désormais au rang de vérité révélée. Le *modèle turc* est l'incarnation de cet *islamisme modéré* attendu dans les transes pour nous permettre de respirer, délivrés, grâce à l'efficacité des accommodements avec le ciel d'Allah. Sur ses terres les plus brûlantes, comme l'Afghanistan et l'Iran, on a bien vu éclore d'autres surprenantes fleurs de rhétorique : talibans modérés à Kaboul, mollahs modérés à Téhéran… Tout de même, on était un peu gênés aux entournures entre les burqas de Kandahar et les tchadors de Tabriz. On se souvient qu'au-delà de l'Hindu Kush, la modération islamiste, dans les zones « détalibanisées » en 2002 par les forces de la coalition, a consisté à utiliser des pierres plus petites pour les lapidations.

Mais enfin l'AKP vint. En un temps où, par ailleurs, les rues de toutes les grandes villes de France voient onduler, de plus en plus nombreux, les voiles des adeptes d'un islamisme modéré de fabrication hexagonale bien que d'inspiration moyen-orientale. En un temps où,

toujours sous le ciel tricolore, les institutions censées représenter les citoyens
français de confession musulmane au sein
du Conseil français du culte musulman
sont aux mains de ce bon vieil *islamisme
modéré*, frère des Frères musulmans,
ennemi de Darwin autant que des cheve-
lures féminines.

Tout cela, au fond, nous est déjà
familier. Beaucoup plus en tous cas que
l'éblouissante parole laïque arabe jaillie
dans les interstices de la révolution tunisienne. Davantage que l'inconcevable
appel à la séparation de la mosquée et de
l'Etat lancé dans les manifestations de la
jeunesse iranienne en 2009.

Comme nous avons vite oublié Téhéran, ces mèches folles sous le linceul obligatoire, ces grands yeux persans écar-
quillés d'espoir sur les rivières du vert
geyser démocratique, puis d'horreur sur
la répression des milices religieuses, le

noir désert théocratique ! Comme peu nous importent les accolades de Recep Tayyip Erdogan à Mahmoud Ahmadinejad, grand ordonnateur des viols des prisons d'Evin et de Kahrizak, maître des milices qui se jetèrent, à la hache, sur les jeunes filles et les jeunes gens de la place Ferdowsi ! Décidément, toutes les complicités sont pardonnables pourvu qu'on nous approvisionne en *islamisme modéré*, cet opium des âmes habituées.

Comment nous libérer de cette fascination si floue même pour les peuples musulmans qui la mettent en avant ? Dorothée Schmid, responsable du programme « Turquie contemporaine » à l'Institut français des relations internationales, souligne l'ambivalence de cet attrait au Moyen-Orient : « Pour certains, la Turquie est un exemple de transition démocratique séculariste, pour d'autres, elle a permis l'avènement d'un modèle de gestion islamique durable. » Autrement dit, le modèle est un fourre-tout, chacun y plaque son rêve, chaque parti projette d'en utiliser la dialectique pour arriver au pouvoir. « Si des mouvements, dans le monde arabe, veulent ressembler à l'AKP, c'est avant tout pour intégrer le jeu politique et se fondre dans la démocratie » observe Beril Dedeoglu, directrice du département de relations internationales à l'université Galatasaray d'Istanbul.

Quelle démocratie ? Recep Tayyip Erdogan, naguère, livrait là-dessus le fond de sa pensée : « La démocratie, c'est comme le bus, on en descend une fois arrivé à destination... »

Mais quelle est la destination ?

TABLE

Dans la même collection

Besson (Eric)   *La République numérique ■ Pour la nation*
Cohen-Tanugi (Laurent)   *Quand l'Europe s'éveillera*
Fourest (Caroline)   *La Tentation obscurantiste*
Fukuyama (Francis)   *D'où viennent les néo-conservateurs ?*
Galbraith (John Kenneth)   *Les Mensonges de l'économie*
Gozlan (Martine)   *Le Désir d'Islam*
Guénaire (Michel)   *Le Génie français*
Gumbel (Peter)   *French Vertigo ■ On achève bien les écoliers*
Hirsch (Emmanuel)   *Apprendre à mourir*
Hoang-Ngoc (Liêm)   *Sarkonomics ■ Vive l'impôt*
Le Boucher (Eric)   *Economiquement incorrect*
Lemaître (Frédéric)   *Demain, la faim*
Lepage (Corinne)   *Vivre autrement*
Lévy (Thierry)   *Nos têtes sont plus dures que les murs des prisons*
Lorenzi (J.-H)   *Le fabuleux destin d'une puissance intermédiaire*
Minc (Alain)   *Ce monde qui vient ■ Le Crépuscule des petits dieux ■ Dix jours qui ébranleront le monde ■ Un petit coin de paradis*
Obama (Barack)   *De la race en Amérique*
Olivennes (Denis)   *La gratuité, c'est le vol*
Richard (Michel)   *La République compassionnelle*
Riès (Philippe)   *L'Europe malade de la démocratie*
Rosa (Jean-Jacques)   *L'euro : comment s'en débarrasser*
Sfeir (Antoine)   *Vers l'Orient compliqué*
Spitz (Bernard)   *Le Papy-krach*
Stewart (James B.)   *Huit jours pour sauver la finance*
Tenzer (Nicolas)   *Quand la France disparaît du monde*

*Composé par Nord Compo Multimédia
7, rue de Fives, 59650 Villeneuve-d'Ascq*